Ni fu ni fuck

English by the face

SpainSays

Ni fu ni fuck

English by the face

mr

Martínez Roca es un sello de Editorial Planeta, S. A.
Avda. Diagonal, 662-664
08034 Barcelona
www.planetadelibros.com

Diseño de la cubierta: Planeta Arte & Diseño
Ilustraciones de interior: © Vicente Domene Martínez
Diseño de interior y maquetación: María Pitironte

Preimpresión: Safekat, S. L.

ISBN: 978-84-270-4947-5
Depósito legal: B. 19.405-2021

Impreso en España / *Printed in Spain*
Impresión: Huertas, S. A.

Certificado PEFC
Este libro procede de bosques gestionados de forma sostenible y fuentes controladas
PEFC
PEFC/14-38-00305
www.pefc.es

El papel utilizado para la impresión de este libro está calificado como papel ecológico y procede de bosques gestionados de manera sostenible.

Índice

Antes de empezar...

SpainSays® es nuestra manera de expresar cómo se nos llena el pecho de orgullo. Porque, por más que nos intenten separar, hay algo que jamás nos podrán arrebatar: las raíces. Y son esas raíces las que nos identifican ante el mundo entero. Una manera de hablar. De insultar. De enamorarnos sabiendo que "verás tú, la hostia". De mandar a tomar por culo. De celebrar con un "ole tu coño". Más brutos que un *arao*. O de bebernos "hasta el agua de los floreros" para acabar "como Las Grecas" y despedirnos con un "chao, pescao". Porque, para nosotros, no existe el karma, sino que "eso te pasa por gilipollas". Y punto pelota.

Es así. Es nuestra manera de identificarnos. Uniendo la gracia del sur con la templanza del norte. El sol y playa que nos inunda desde la Costa Brava hasta la Costa de la Luz, con las montañas de los Pirineos y los Picos de Europa. La chulería madrileña con la ternura de la lengua gallega. La tranquilidad de una isla de aguas cristalinas con el fervor de unas buenas fiestas patronales.

Y este es un libro muy nuestro. Más majo que las pesetas. Tanto que te enseñará todo lo que los *books* de inglés no se han atrevido a enseñarte: ir del inglés al español, y viceversa, desde tus propias raíces. Y echándote unas risas por el camino. ¡Que no falten!

Aunque no hay nada como expresarse en nuestra lengua materna, en este libro encontrarás más de 300 expresiones muy nuestras trasladadas al inglés que te ayudarán a decir lo mismo (o casi lo mismo) en la lengua de Shakespeare.

En 12 "unidades didácticas" agarramos la sartén por el mango, damos la vuelta a la tortilla y te servimos un menú de frases inglesas "to majo" para que puedas apañártelas en las situaciones más diversas: en el curro, con amigos y con enemigos, en días chungos o de fiesta, si sales a tomar algo, a ligar o de viaje... En fin, echa un vistazo al índice para hacerte una idea.

Y si todavía quieres más, al final te contamos la vida y milagros de algunas de las frases *made in Spain* más chulas de todos los tiempos.

Porque, aunque salgamos fuera, que nadie jamás nos quite lo *bailao*.

SpainSays
Reivindicando nuestras raíces desde 2021

Capítulo 1

¡Que cocine Rita!

Frases para desayunar, comer o cenar fuera

Este capítulo ha sido escrito mientras escuchábamos *La barbacoa*, de Georgie Dann.

Nuestros bares y restaurantes deberían ser Patrimonio de la Humanidad.

España es el país con más bares y restaurantes por persona de todo el mundo. En 2020, según el INE, sumábamos alrededor de 277.439 establecimientos.

Si a esto le añades que tenemos la mejor gastronomía del mundo, pues...

¿Cómo no nos va a gustar salir a desayunar, comer, merendar o cenar fuera?

Plató metro

Valoramos con cinco platos las frases con las que más puedes disfrutar de la comida, y con tres y uno las que menos.

“I like it”

Me gusta.

“Me renta mazo”, para los madrileños.

“Eat like a horse”

Hincharse a comer.

Te sientas a comer y no paras hasta que te “hinchas”.

“Tasteless”

Ni chicha ni *limoná*.

No es que no te guste, sino que es insípido. Sin más.

“Pig out or to be stuffed”

Comer como un cerdo.

Versión mejorada y más específica de “hincharse a comer”.

“This place is very expensive”

Vaya sablazo me han pegado.

Joder, si lo sé no vengo.

“Have a craving for something”

Tengo un antojo de...

Croquetas, por ejemplo.

“I don’t have the money you think”

Pero... ¿tú crees que yo soy el Banco de España?

Que no tengo dinero, joder.

“To cost an arm and a leg”

Costar un ojo de la cara.

Encuentra su origen en la página 184

A este paso tenemos que hacer una causa en GoFundMe para pagar la cuenta.

"To split the bill or pay fifty-fifty or go dutch"

Pagar a medias.

Bizum patrocina este espacio.

"I don't have money!"

No tengo perras.

Ni donde caerme muerto/a.

"It's finger licking good"

Está para chuparse los dedos.

Como todo lo que hacen las abuelas.

"What a rip off!"

¡Menuda estafa!

Valoramos este sitio con una estrella en TripAdvisor.

"A stone's throw away"

El sitio está a tiro de piedra.

Este sitio está muy cerca.

"It's not my cup of tea"

No es lo mío.

Lo siento, pero este plato no es lo mío.

"Nothing to write home about"

Tampoco es para tirar cohetes.

No te flipes, que tampoco es para tanto...

Vocabulario extra

Ahora que sabemos cómo defendernos en un restaurante, hay cosas de manual que te salvarán en cualquier momento. Desde leer bien la carta hasta pedir la cuenta. Aquí tienes un resumen del vocabulario básico apto para *foodies.* Y algunas frases de propina.

Appetizer or starters: aperitivos o entrantes. Sí, los que te tomas mientras esperas al que dice que está llegando, pero acaba de salir de la ducha. Todos tenemos un amigo/a que es así. Y, si no lo tienes, eres tú.

Bill: la cuenta. El momento más doloroso.

Breakfast: desayuno. La comida más importante del día. O eso dicen.

Dessert: postre. Siempre quedará un huequito.

Dinner: cena. Algo ligerito antes de irse a dormir.

Fixed-price menu: menú de precio fijo. Lo mejor que tiene España.

Mineral water: agua mineral. A los madrileños les gusta esto.

Napkin: servilleta. Trozo de papel que doblas a más no poder como si de una figura de papiroflexia se tratase.

Tap water: agua del grifo. A los madrileños les gusta esto.

Excuse me: 'disculpe' o 'perdone'. Para llamar al camarero. Por favor, no lo hagas chistándole. Por favor, ¿eh?

Where are the toilets?: ¿Dónde están los aseos?

On the rocks: algo con hielo. Decimos algo por no decir *whiskey,* alcohólicos.

Could I have the bill, please?: ¿Podría traerme la cuenta? Y acto seguido le dibujas una firma en el aire.

Could I pay by card?: ¿Podría pagar con tarjeta?

I'd like to book a table, please: Me gustaría reservar una mesa.

Do you have any free tables?: ¿Tienes alguna mesa libre? La frase de los arriesgados que no reservan con tiempo.

Everything was delicious: Estaba todo muy bueno.

I would like to order now: Quisiera pedir ahora.

I'll have the same: Tomaré lo mismo. Vago/a.

I'm not ready yet: No lo sé aún (lo que va a pedir). Lo contrario a lo de antes.

The complaints book: el libro de reclamaciones. Movida 2.0.

This is not what I ordered: Esto no es lo que pedí. Movida 2.1.

Evaluasays

Disfruta de la gastronomía española como nadie

Hemos cedido un espacio muy especial en nuestra web para recomendaros restaurantes DE TODO EL TERRITORIO NACIONAL, sugeridos por otras personas en portales de gastronomía, pero recopilados por nosotros y organizados por provincias.

Accede a la lista a través
de este código QR o en:
www.spainsays.es/restaurantes

¡Nos vemos en los bares!

Capítulo 2

Con esto me gano la vida

Frases para currar

Este capítulo ha sido escrito mientras escuchábamos *Y nos dieron las diez,* de Joaquín Sabina.

Aunque nos guste mucho lo que hacemos, hay veces que el trabajo se nos hace cuesta arriba y acabamos hasta la coronilla. Y si trabajas de cara al público, ya ni hablemos.

Aun así, tenemos que respirar 40 veces y seguir ganándonos la vida.

Estresó metro

Vamos a valorar las frases por su nivel de estrés. Con cinco higas, las que usarías en un momento en el que solo quieres morirte, y con tres y una las que, bueno, forman parte del oficio.

“The early bird catches the worm”

A quien madruga, Dios le ayuda.

Frase de consuelo para cuando tienes que levantarte muy pronto.

“Too late!”

A buenas horas, mangas verdes.

Encuentra su origen en la página 186

Cuando algo que era muy esperado se produce o se presenta cuando ya no sirve para nada. Muy tarde.

“Quickly”

En un pispás.

El guepardo puede alcanzar los 120 km/h. Demuéstrales que tú eres más rápido/a.

"Between one thing and another"

Entre pitos y flautas...

Entre una cosa y otra... hemos acabado la jornada.

"This is my bread and butter"

Con esto me gano la vida.

Y con orgullo.

"You don't do anything at work"

Te tocas los cojones a dos manos.

Dedícasela a esa persona que directamente no hace nada.

“I’ve messed it up”

La he liado parda.

Crear una situación embarazosa o comprometida al equivocarse o “meter la pata”. Puede pasar. Y en ocasiones, tampoco pasa nada.

“I haven’t stopped all day”

No me he sentado en todo el día.

Hay jornadas que se hacen interminables, de un lado a otro.

“The squeaky wheel gets the grease”

Quien no llora, no mama.

Cuando un/a niño/a pequeño/a quiere conseguir una cosa o, por lo menos, atraer la atención de los adultos, rompe a llorar. Por eso, quien no llora, no mama, pero tampoco te pases.

"Don't bite off more than you can chew"

Quien mucho abarca, poco aprieta.

Quien pretende realizar muchas cosas al mismo tiempo no será capaz de hacer bien ninguna.

"That was so close"

Pa* habernos *matao.

Casi la lías parda. Casi, casi.

"As soon as possible"

***Pa* luego es tarde.**

Algo que hay que hacer con la mayor rapidez posible, porque luego es tarde. Se puede abreviar como ASAP.

"I'm not in the mood"

No estoy para bromas.

Es normal levantarse con el pie izquierdo. Hoy no estás en el *mood*. Así que: que no te toquen lo que no hay que tocar.

“Botched job”

Ser un chapuzas.

Si vas a hacer las cosas mal, no las hagas, por favor.

“Every law has its loophole”

Hecha la ley, hecha la trampa.

Una vez que nos intentan imponer algo, inmediatamente pensamos en cómo saltarnos las normas.

“To get the hang of it”

Pillarle el truco a algo.

Cuando empiezas un trabajo, a veces cuesta entender cómo funciona todo. Cuando le pillas el truco, no hay nada que te pueda parar.

“Easy-peasy”

Eso es pan comido.

Vas sobrado/a ya. Tira millas.

“She/he’s got a real brass neck”

Tienes un morro que te lo pisas.

Referido a cualquier sinvergüenza que no tiene en cuenta a los demás cuando hace las cosas.

“To give a helping hand”

Echar una mano.

Siempre hay alguien que la necesitará. Recuerda eso de “Hoy por ti, mañana por mí”.

“You’re walking on very thin ice”

Estás en la cuerda floja.

Asume las consecuencias.

“You are my partner”

Eres mi brazo derecho.

Esa persona especial que te encuentras en el curro. En la que confiarías con los ojos cerrados. Tu brazo derecho.

“In the blink of an eye”

En un abrir y cerrar de ojos.

Cosas que pasan en un instante, en un pispás, sin darte cuenta.

“Give one’s all”

Dejarse la piel.

Esforzarse mucho en un trabajo o tarea hasta acabar agotado.

“Everything is set and done”

Todo el pescado está vendido.

Ya no hay nada que hacer.

“Finished”

Finiquitao.

Jornada acabada. Todo el mundo a su casa.

“The cards are on the table”

Poner las cartas sobre la mesa

Cuando quieres expresar una opinión con sinceridad, pones “las cartas sobre la mesa”.

“Be lazy”

No dar palo al agua.

Encuentra su origen en la página 188

Cuando alguien no rinde, no hace ni hará nada: lo que se dice un vago redomado.

“To kill two birds with one stone”

Matar dos pájaros de un tiro.

Entre esta y la anterior, vas a conseguir el aumento de sueldo rápido.

"Don't give in"

No darse por vencido.

Aunque tengas un día de mierda, no te rindas.

"The meeting is over"

Con esto y un bizcocho, hasta mañana a las ocho.

Después de todo un día currando, ya es hora de tomarse un descanso. Desconéctate, y que le den a todo.

Vocabulario extra

Estas palabras sueltas te ayudarán a defenderte en el curro. Ten cuidado al combinarlas, no vayas a marcarte un "relaxing cup of café con leche in plaza Mayor". Si lo haces, procura que te graben y nos lo mandas a @spainsays. Así tenemos un viral, por lo menos.

Agreement: acuerdo. En España se da la mano y *pa'lante.*

Basic wage: sueldo base. Miedo nos da.

Boss: jefe/a. Lo/a odias o lo/a amas. Depende de la hora a la que te tengas que levantar.

Business: negocio. Sin más. Si pone "negocio piramidal", huye. Estás a tiempo. Es una estafa. Ah, y si este comentario te acaba de ofender, ve corriendo al *Evaluasays* del capítulo 6 y rellena el formulario.

Day off: día libre. A tocarse el...

Deadline: fecha límite. O, mejor dicho: nos ha pillado el toro.

Full-time job: trabajo a tiempo completo. Ojo con rozar la explotación.

Goals: objetivos. Los de la generación Z solo la usan para ligar con "relationships goals".

Y ahora unas cuantas rapiditas.

Employee: empleado.

Holidays: vacaciones. Lo que se supone que deberías tener.

Internship: prácticas. El puesto eterno.

Job: empleo.

Market: es el mercado, amigo/a.

Motivated: motivado. Gracias a las frases que te vienen en las servilletas de los bares.

Office: oficina

On time: a tiempo. Nunca. Y lo sabes.

Overtime: horas extraordinarias. Las que no te pagan.

Part-time job: trabajo a media jornada

Payday: el día de cobro. Día de celebración.

Payroll: nóminas.

Promotion: ascenso.

Remuneration: remuneración.

Retirement: jubilación. Algún día.

Salary earner: asalariado.

Savings: ahorros. Dijo nadie nunca.

Skills: habilidades. Las que te inventas en el CV.

Stock: existencias. Lo que esperamos que no quede de este libro.

Strike: huelga. Lo que tu jefe/a nunca quiere que hagas.

Team: equipo. La unión hace la fuerza.

Trade or craft: oficio.

Trainee: aprendiz.

Unemployment: parado.

Vocational training: formación profesional.

Work contract: contrato de trabajo.

Working class: clase obrera.

Working hours: horas de trabajo.

Workshop: taller.

Evaluasays

Rellena tu CV.
Pero de verdad.

Hoy en día, los *CURRICULUM VITAE* FALSOS se fabrican como churros, y decimos falsos porque en ellos siempre se cuela alguna mentirijilla para llamar la atención: que si nivel avanzado de inglés, y el único inglés que has dado es el del instituto, o cuando te describes como una persona "pacífica y con ganas de trabajar" y el primer día te das cuenta de que no.

Por eso, te vamos a pedir que hagas un ejercicio de introspección y rellenes todos los apartados de este CV con total sinceridad.

¡Nos vemos en LinkedIn!

Formación académica

....

....

Experiencia laboral

....

....

Defínete en 5 palabras

....

....

10 intereses personales

....

....

¿Cuáles son tus habilidades?

....

....

¿Qué idiomas hablas?

....

....

Capítulo 3

Te quiero más que a las croquetas

Frases comunes entre amigos/as

Este capítulo ha sido escrito mientras escuchábamos *Amigos para siempre*, de Los Manolos.

La amistad es una relación afectiva entre dos o más personas. Tiene presencia en distintas etapas de la vida. Unas se dejan a medio camino y otras nos acompañan hasta irnos “al otro barrio”.

Sea cual sea el lugar que ocupan en nuestras vidas, dejan huella. Para bien o para mal.

Este capítulo va dedicado a nuestros/as compañeros/as de vida.

Amistó metro

Valoramos las frases de este capítulo con corazones. Cinco corazones a las frases más *friendly,* y con tres y uno a las menos.

♥♥♥♥♥

♥♥♥

♥

“You are amazing” ♥♥♥♥♥

Eres el/la mejor. Eres la polla.

Tenemos amigos/as que valen su peso en oro.

“You’ve got some nerve” ♥♥♥

Tienes mucho morro.

Cuando alguien es un sinvergüenza, que no tiene en cuenta a los demás al hacer las cosas.

“Stop being stupid” ♥♥♥

Deja de hacer el tonto.

Hay amigos/as que tienen poco sentido del ridículo. Les queremos igual.

“You are a pain” ♥

Eres más pesado que un dolor de muelas.

Cállate un mes. La sinceridad también es un factor importante en la amistad.

“I got your six” ♥♥♥♥♥

Te cubriré las espaldas.

Pase lo que pase. Hagas lo que hagas.

“I owe you one” ♥♥♥♥♥

Te debo una.

Y mil. Hacerse favores entre amigos es una prueba necesaria en todas las amistades.

“Stop thinking about it” ♥

No me rayes.

Deja de comerme la cabeza.

“Be like two peas in a pod” ♥♥♥♥♥

Ser uña y carne.

Inseparables hasta la muerte.

"I would bet my life on it" ♥♥♥♥♥

Poner la mano en el fuego.

Por los amigos se hace cualquier cosa.

"Look at this!" ♥♥♥

Para muestra, un botón.

No hace falta que te lo cuente tooooodooo. Con esto ya te haces una idea.

"Don't look a gift horse in the mouth" ♥♥♥

A caballo regalado no le mires el diente.

Encuentra su origen en la página 186

No te quejes tanto, anda.

"Cut / make a deal?" ♥♥♥

¿Hacemos un trato?

¿Hasta la muerte?

“Knock on wood” ♥♥♥

Toco madera.

IKEA patrocina este espacio.

“Can you help me?” ♥♥♥♥♥

¿Me echas una mano?

Por fa. Please.

“I’m the black sheep of my friends” ♥

Soy la oveja negra del grupo.

Todo te pasa a ti, y lo sabes.

“You are crazy” ♥♥♥

Estás como una cabra.

Loco/a. Loquísimo/a. Como una chota. Como un cencerro. De atar.

"It's not the right time for it" ♥

No está el horno *pa* bollos.

Encuentra su origen en la página 184

No está la cosa como para que hagas lo que estás haciendo. Gracias.

"It's water under the bridge" ♥♥♥

Eso es agua pasada.

Pasa página. Eso ya queda atrás.

"It's not a big deal" ♥♥♥♥♥

No es gran cosa.

Tampoco te flipes, que no es para tanto.

"My bad" ♥

Culpa mía.

Has metido la pata hasta el fondo.

“No way in hell” ♥♥♥

Ni de coña.

Eso no va a pasar ni de coña. Ya tiene que llover mucho…

“What a drag!” ♥♥♥

¡Qué coñazo!

Insoportable. Inaguantable. Adiós.

“To beat around the bush” ♥

Te estás yendo por los cerros de Úbeda.

Céntrate, que te vas por las ramas.

“Don’t quote me” ♥♥♥

No me hagas mucho caso.

Cuando no tienes ni puñetera idea de lo que estás haciendo.

“Pardon my french” ♥

Con perdón por la expresión.

Tienes razón, pero has perdido las maneras.

“That’s life” ♥

Así es la vida.

Hay que asumir que así es la vida.

“Phony baloney” ♥

Cuento chino.

Eso es mentira. Puro cuento chino.

“See you anon” ♥♥♥

Te veo luego.

Hasta luego, Lucas. Mari Carmen. Chao, pescao.

“Speaking of the devil” ♥

Hablando del rey de Roma.

Y por la puerta asoma.

“That’s quite dodgy” ♥

Eso es muy cutre.

Acabas de hacer una mierda pinchada en un palo.

Vocabulario extra

A lo largo de la vida te vas encontrando personas diversas que se quedan para un rato, otras para un tiempo largo y algunas para toda la vida. No por eso son más o menos amigos, pero si algún día no sabes cómo llamarles, por favor, no digas "que no te gusta poner etiquetas a las cosas".

Te echamos una mano.

Acquaintance: conocido/a. Esa persona de la cual dices "me suena".

(to) Advise: aconsejar. Recuerda que "consejos vendo que para mí no tengo".

(to) Be friends: ser amigos. Si estás ligando con alguien, esta frase se puede considerar *friendzone.*

Best friends forever: mejores amigos/as para siempre.

(to) Betray: traicionar, engañar. Acto seguido: bloquear.

(to) Break a friendship: romper una amistad. Suele pasar. Pero oye, no pasa nada.

Buddy: colega.

Classmate: compañero/a de clase.

Close friends: amigos/as cercanos/as. Instagram se ha adueñado de este concepto en *stories.*

Colleague / Coworker: colega, compañero/a de trabajo.

Childhood friend: amigo/a de la infancia.

(to) Develop a friendship: desarrollar una amistad.

Family friend: amigo/a de la familia.

Flatmate / Roomate: compañero/a de piso. Que la suerte te acompañe en la búsqueda del/de la indicado/a.

(to) Form / to build a friendship: construir una amistad.

(to) Get along: llevarse bien.

Gossip: los chismes, el cotilleo. Lo que nos encanta.

Hug: un abrazo. Lo que todos necesitamos siempre.

Just friends: solo amigos/as. Si quieres algo con alguien, esto duele.

Old friend: amigo/a de hace mucho tiempo, a veces de siempre. Los de la vieja escuela.

Real friend: amigo/a del alma. Te quiero.

School friend: amigo/a del cole.

Secret: el secreto. Entre amigos hay miles.

Evaluasays

Decirles a tus amigos/as cuánto les quieres es necesario.

Por eso, te vamos a dejar dos frases al mejor estilo SpainSays, para que escribas el nombre de algún amigo/a, le mandes una foto y le digas cuánto le quieres.

....,

eres muy pesado/a pero te quiero. And I think that's beautiful.

....,

eres el/la mejor amigo/a. And I think that's beautiful.

Capítulo 4

Cómo defenderte en una discusión y no salir con el rabo entre las piernas

Frases para discutir

Este capítulo ha sido escrito mientras escuchábamos *Rata de dos patas, de Paquita* la del Barrio. Un clásico.

Insultar es la asignatura que en España aprobaríamos todos con matrícula de honor.

Desde lo más más leve hasta lo más basto. Cuando nos calentamos soltamos fuego por la boca.

Luego, en el mejor de los casos, nos arrepentimos, pero, oye, en el momento nos quedamos a gustito.

Insultó metro

Te dejamos una guía a la que hemos llamado insultómetro para que sepas en qué momento, según el nivel de intensidad, usar cada frase.

Valoramos con cinco estrellas los insultos más fuertes, y con tres y una aquellos que no matarían ni a una mosca.

★★★★★

★★★

★

“That’s the straw that broke the camel’s back” ★★★

La gota que colmó el vaso.

Cosa o suceso que acaba con la paciencia de alguien.

“Suck it up” ★★★

Te jodes.

Ajo y agua. A joderse y a aguantarse. Es lo que hay.

“Like water off duck’s back” ★★★

A palabras necias...

Oídos sordos. GAES patrocina este espacio.

“Shame on you” ★★★

Vergüenza debería darte.

Pues eso. A buen entendedor, pocas palabras.

“A pain in the ass” ★★★★★

Más molesto que un grano en el culo.

Más que un sentimiento, una sensación. Parece el eslogan de una fanaticada de fútbol.

“Fuck you” ★★★★★

Vete a la mierda.

Al grano (no el de antes). Sin rodeos. Y a donde se tiene que ir más de uno/a.

“Don’t make a fool out of myself” ★★★

No me tomes por tonto/a.

Para quien crea que has nacido ayer. Lo lleva claro.

“I don’t give a fuck” ★★★

Me la suda.

A veces no hace falta ni decirlo. Con sudar queda claro. Fíjate qué cosas.

“Bugger off” ★★★★★

¡Vete a tomar por culo!

9 de cada 10 españoles mandan a tomar por culo a alguien o algo, da igual el motivo. Pero, ¿y lo a gusto que te quedas...?

“On your bike” ★★★

No me cuentes milongas.

Déjate de historias y ve al grano. Que no tenemos tiempo *pa* perder. Y menos discutiendo.

“Go ahead and tell everyone now!” ★

Y ahora vas y lo cascas.

Se usa a modo de burla y reprimenda hacia alguien a quien se le ha dado una lección sobre algo, generalmente tras una discusión, diciéndole que lo único que le queda es contarlo para su propia vergüenza.

“No way!” ★★★

Mis cojones 33.

El “no” más desafiante que vas a decir en tu vida. Desde luego que en inglés no es lo mismo. Se queda endeble.

“Don’t complain” ★

Haber estudiao.

No te quejes.

"You're not right" ★★★

No tienes la razón.

Torres más altas han caído.

"I'm going to hit you" ★★★★★

Te voy a dar una hostia que te van a dar palmas las orejas.

¡Respira! La violencia nunca es una opción. ¿Una alternativa? Bueno, según qué.

"What goes around, comes around" ★

Arrieros somos y en el camino nos encontraremos.

El karma todo lo devuelve en esta vida. Ya lo verás.

"Be honest" ★

Las cosas claras y el chocolate espeso.

Hay que hablar con claridad y decir las cosas tal y como son, sin inventar nada.

"Don't be a victim" ★★★

Ahora dilo sin llorar.

No te hagas la víctima. Y si te haces, que sea sin llorar, por fa. Demasiado drama *for today*.

"Get more than you bargained for" ★

Ir a por lana y volver trasquilado.

Vienes a ofenderme y te vas ofendido/a. Ajo y agua.

"Go away" ★

Vete a freír espárragos.

O pinta un bosque y piérdete.

"A word to the wise is enough" ★★★

A buen entendedor, pocas palabras bastan.

Si eres listo/a, no necesitas demasiado para entender las cosas.

"You are cheeky" ★★★

Tienes mucha cara.

En la vida siempre habrá gente descarada. No se les cae la cara de vergüenza.

"You are so cranky" ★

¡Qué mala leche tienes!

Vamos a abrir una petición en change.org para que la gente con mala leche tenga descuentos exclusivos en sesiones de yoga.

"What does it have to do with..." ★★★

Qué tiene que ver esto con...

No te vayas por los cerros de Úbeda.

"Are you kidding me?" ★

¿Me estás tomando el pelo?

En una discusión, vacilar a alguien puede ser un arma de doble filo.

"Fucking hell!" ★★★★★

Me cago en tus muertos.

Decir esta frase supone una técnica segura para desahogarse.

"It is what it is" ★

Es lo que hay.

Y punto pelota.

"I'm tired of you" ★★★

Estoy hasta el coño de ti.

Seguido de un "cállate un mes" o algún modismo parecido.

"You are stupid" ★

No eres más tonto porque no entrenas.

Tontos con matrícula de honor hay todos los días.

"Go away from here" ★

Déjame en paz.

Y cierra la puerta al salir. Gracias.

Vocabulario extra

Para discutir bien hay que tener tablas. Aquí tienes unas cuantas palabras y frases que te ayudarán a dar cañita de la buena —insultar, reñir, pelear, llámalo equis— con más salero y soltura.

Asshole: gilipollas. Y punto. Nada más que decir.

Badass: cabrón/a.

Bastard: bastardo/a.

Bullshit: mentiras (despectivo). Esto abunda.

Crap: basura. Insertar aquí foto de un ex.

Damn it!: maldición.

Dickhead: mala persona.

Dumb: tonto. Del culo o de turno.

Fuck: joder. Nuestra palabra favorita.

Hell: infierno.

However: sin embargo…

Jerk: imbécil. Pim pam.

Moron: idiota.

Of course: claro que sí, guapi.

On the contrary: de lo contrario.

Piece of shit: pedazo de mierda.

Pissed off: cabreado.

Shit: mierda.

Unbelievable: increíble. Me pinchas y no sangro.

Get lost: piérdete. Pinta un bosque y adiós.

How do you see it?: ¿Cómo lo ves?

In my opinion: en mi opinión…

Shut the fuck up: cierra la boca.

That's a bullcrap: Eso es mentira.

The point is…: La cuestión es que…

Who gives a fuck?: ¿A quién le importa?

You are fucking wrong: Estás equivocado/a.

Do you agree?: ¿Estás de acuerdo?

Evaluasays

Después de haber leído todas estas frases seguro que te ha venido a la cabeza alguien a quien decírselas.

Pero como no queremos movidas, te vamos a dejar una página en blanco para que dibujes una polla como una olla, le hagas un conjuro a tu ex, le mandes un mensajito a la persona que te cae mal, o, en definitiva, que hagas lo que te dé la gana.

Capítulo 5

Más se perdió en la guerra

Frases para levantar el ánimo en días grises. O no.

Este capítulo ha sido escrito mientras escuchábamos *Color esperanza*, de Diego Torres.

Hay días que nos levantamos con el pie izquierdo y nos queremos bajar de la vida. O simplemente pasa algo a lo largo de la jornada que cambia tu estado de ánimo. Sientes que todo se va al traste, que nada tiene sentido.

Es normal. Somos humanos, como Chenoa.

Bueno, no nos enrollamos y te dejamos con frases que te ayudarán a levantar el ánimo en días de mierda. O a hundirte más.

Depresó metro

Aquí, las más “depres” las valoraremos con cinco lagrimones y las menos con tres y uno.

Postdata: pedimos perdón por cambiar el rumbo y convertirnos en un libro de autoayuda en un pispás. Prometemos remontar.

“We’ve been through worse times”

En peores plazas hemos toreado.

Peores cosas te han pasado. Esto es nada.

“I will do it yes or yes”

Y que salga el sol por Antequera...

Incertidumbre ante el resultado de alguna acción, pero determinación para llevarla a cabo a pesar de ello. Vamos, que lo vas a hacer sí o sí.

“Every cloud has a silver lining”

No hay mal que por bien no venga.

Todo lo malo tiene su parte positiva. ¡Date cuenta!

“Everything happens for a reason”

Todo sucede por una razón.

Todo pasa por algo. Frase de abuelos.

"Don't worry"

No te rayes.

La frase estrella de los amigos cuando les cuentas alguna de tus movidas. "No te rayes". Gracias. Problema solucionado.

"You're very lucky"

Tienes una flor en el culo.

Hay gente que tiene un ramo entero.

"It's in the lap of the Gods"

Que sea lo que Dios quiera.

Mira, ya está todo hecho. Que sea lo que tenga que ser y que pase lo que tenga que pasar.

"I've enough on my plate"

Me bajo de la vida.

Respira y sigue adelante.

"Keep dreaming"

Sigue soñando.

Esta te puede ayudar a salir del agujero en el que estás, o no. Dependerá del tono.

"Kiss and make up"

Borrón y cuenta nueva.

Olvida todo lo que ha pasado. Que te sirva de aprendizaje, pero es hora de empezar nuevos caminos.

"Shake/show a leg!"

¡Cambia el chip!

¡Levántate! ¡Espabila! Es hora de cambiar el chip.

"Start from scratch"

Empezar de cero.

Otra manera de borrar el pasado y empezar de nuevo. Nunca es tarde.

“The situation gets serious”

Pasar de castaño oscuro.

Hasta ahora todo eran risas.

“To set the (whole) world on fire”

¡Tienes que comerte el mundo!

Vamos, hostias.

“Where there’s a will there’s a way”

Querer es poder.

El que quiere, puede.

"I'll scratch your back and you'll scratch mine"

Hoy por ti, mañana por mí.

Todo lo que puedas hacer por alguien el día de hoy, mañana lo recibirás. O eso dicen.

"Better late than never"

Más vale tarde que nunca.

Por lo menos lo has intentado.

"To be crystal clear"

Ser claro como el agua.

En días grises, un poco (o un mucho) de honestidad siempre viene bien.

“Nip something in the bud”

Arrancar el problema de raíz.

Dicen por ahí que muerto el perro se acabó la rabia. Pues lo mismo.

“Look on the bright side”

Mira el lado positivo de las cosas.

Más se perdió en la guerra.

“No pain, no gain”

Sin sacrificio no hay beneficio.

Seguro que esta frase la has leído alguna vez en una foto de alguien haciendo deporte. Llevas un día yendo al *gym* y ya pones “No pain, no gain”. No me jodas.

“To go with the flow”

Déjate llevar.

Fluye como el agua.

"Half a loaf is better than none"

A falta de pan, buenas son tortas.

Si no consigues algo mejor, quédate con lo que tienes.

"This is not the right time"

No tengo el chichi *pa* farolillos.

Da igual lo que te digan. Que nadie te toque el chichi.

"Put it behind you. Life goes on"

Disfruta, que la vida son dos días y tres nublados.

Olvida los malos momentos y pasa página.

"Don't think twice"

Le das más vueltas que un perro *pa* cagar...

Déjate de rodeos. El muerto al hoyo y el vivo al bollo.

“Time is a great healer”

El tiempo todo lo cura.

Y el alcohol también.

“Don’t give up”

Siempre hay luz al final del túnel.

No te rindas, que de todo se sale.

"All things pass"

No hay mal que dure cien años.

Tú puedes con todo.

"Go for it!"

Si la montaña no va a Mahoma, Mahoma irá a la montaña.

Ya lo sabes. Ve a por todo. Tú puedes.

Vocabulario extra

Si las frases de antes te han parecido poco para subir el ánimo, te dejamos con un vocabulario extra que te ayudará a poner mensajitos positivos en las publicaciones de WhatsApp, Instagram y Facebook.

Sí, Facebook, ese sitio desierto donde apenas hay gente.

Empezamos con poca intensidad:

Chance: oportunidad.

Confidence: confianza.

(to) Encourage: animar.

Glad: contento, satisfecho.

(to) Gladden: alegrar.

Hapiness: felicidad, alegría.

Happy: feliz.

Hope: espezanza, ilusión.

Lively: animado, alegre, vital.

Luck: suerte.

(to) Rejoice: alegrarse.

Smile: sonrisa.

Subimos el nivel:

Believe in yourself: Cree en ti mismo.

Cheer up!: ¡Ánimo!

Do the impossible: Haz lo imposible.

Don't cry: No llores.

Don't worry!: No te preocupes.

Follow your dreams: Persigue tus sueños.

Give it a try: Dale una oportunidad.

Good job: ¡Buen trabajo!

Hang in there: Aguanta ahí.

I'll support you either way: Te apoyaré siempre.

I'm behind you 100 %: Estoy contigo al 100 %.

I'm so proud of you: ¡Estoy muy orgulloso/a de ti!

It's totally up to you: Depende solo de ti.

It's your call: Es tu decisión.

Just do it: Hazlo.

Nivel de positividad máxima:

Keep fighting!: ¡Sigue luchando!

Keep it up!: ¡Sigue así!

Never give up: Nunca te rindas.

Never say never: Nunca digas nunca.

Reach for the stars: Alcanza las estrellas.

Stay strong: Mantente fuerte.

The sky is the limit: El cielo es el límite.

There you go!: ¡Ahí lo tienes!

What are you waiting for?: ¿A qué estás esperando?

Who seeks shall find: Quien siembra, recoge.

Why not?: ¿Por qué no?

You can make it: Puedes hacerlo.

You might as well: Tú también podrías.

Evaluasays

No hay nada mejor para levantar el ánimo que ponerse una buena *playlist* de música para no pensar en nada.

Hemos creado una con canciones reconocibles al segundo que te van a sacar una sonrisa y unos cuantos bailes.

¿Cómo acceder a las listas de música?

En Spotify:

1. Accede a la aplicación desde un móvil o tablet.
2. Abajo de la pantalla, pulsa en "Buscar" (icono lupa).
3. En la barra de búsqueda, pulsa en el icono de la cámara de fotos.
4. Apunta con tu cámara al código Spotify de abajo, procurando que quede dentro del recuadro negro.

5. ¡Sigue la *playlist* para que la tengas siempre a mano!

En Apple Music:

Busca la *playlist* "Días grises by SpainSays".

Capítulo 6

Me lo dijo un pajarito...

Frases para cotillear

Este capítulo ha sido escrito mientras escuchábamos *Caliente, caliente,* de Raffaella Carrà.

Te gusta ver el mundo arder. Te gusta comentarlo todo. ¿Tu plan favorito? Sentarte en un parque a comer pipas y poner a parir a medio pueblo. Bueno, igual eso es muy *boomer*.

En esta sección, os dejamos una recopilación de frases para soltar en un cotilleo.

Y quien no haya hablado mal de alguien en algún momento, que tire la primera piedra.

Fuegó
metro

Valoramos con cinco fuegos las frases más cañeras, las que merecen mandar a esa persona a la hoguera, y con tres y uno las más normalitas.

"It's unbelievable" 🔥🔥🔥

Para mear y no echar gota.

Cuando alguien te cuenta un cotilleo que no te habrías esperado jamás de los jamases.

"No way at all" 🔥🔥🔥🔥🔥

Y una polla como una olla.

Se aplica cuando tu "no" es un "NO", con mayúsculas: RO-TUN-DO.

"To kick the bucket" 🔥🔥🔥

Estirar la pata. Palmarla. Diñarla. Espicharla.

Vamos: un "*pa* haberse *matao*" de manual.

"Crystal clear" 🔥

Blanco y en botella.

Leche. Cuando algo estaba más claro que clarín.

"Oh, my gosh!"

Madre del amor hermoso.

¡Laaa Virgen! ¡Vaya tela!... Cualquier expresión es buena para explicar un sorpresón.

"Yours horns are showing"

Se te ve el plumero.

Usamos esto cuando una persona tiene intenciones ocultas (o no tan ocultas) respecto a algo o alguien.

"My godness!"

Flipo en colores.

Puedes flipar de muchas maneras, pero esta es de incredulidad.

"I love creating controversy"

Que hablen mal, pero que hablen.

En *marketing* se entiende la polémica como algo positivo. Al final, es mejor que hablen de ti a que te ignoren. Si nos lees en Instagram, te podrás dar cuenta de que nosotros esto lo llevamos a rajatabla.

"To each his own"

Cada loco con su tema.

Cada uno con su cabeza hace el mundo que quiere, desde luego.

"Be on the tip of your tongue"

Tener algo en la punta de la lengua.

Cuando tu cabeza va a pedales y no te salen las palabras.

"To take your secret to the grave" 🔥🔥🔥

Llevarte un secreto a la tumba.

Este tipo de gente vale la pena para cotillear.

"Stick someone's nose up at someone" 🔥

Mirar por encima del hombro.

¿Pero quién te crees mirándome así?

"Keep in with the right people" 🔥🔥🔥

Arrimarse al sol que más calienta.

Es de sabios rodearse de gente inteligente.

"You can't fight City Hall" 🔥

Con la Iglesia hemos topado.

Se utiliza normalmente para expresar algún problema o inconveniente que ha surgido con algún tipo de estamento, autoridad de cierto peso o persona que sabe mucho de algo.

“To humour someone...”

Bailarle el agua a ...

Decir a todo que sí.

“To feather one’s nest”

Chupar del bote. Y, de paso, barres para casa y haces el agosto.

Es un tipo de personalidad que se gastan desde los que siguen viviendo en casa de sus padres a los 45 años hasta la clase política.

“Where there’s smoke, there’s fire”

Cuando el río suena, agua lleva.

En este caso, el río no trae agua, sino verdades como puños.

“Not to mince words”

No tener pelos en la lengua.

Sinónimo de sinceridad. O no.

“To have a bone to pick (with someone)”

Tener cuentas pendientes con alguien.

Huele a venganza. Haz el amor y no la guerra, recuerda.

“To spill the beans”

Irse de la lengua.

¡Has contado demasiado!

“Tell me what you know and I will tell you what you don’t”

Dime de qué presumes y te diré de qué careces.

¿Ejemplo? Instagram. El reino del postureo.

“It’s been a long time since something happened”

Ha llovido mucho desde...

Típica frase que sueltas cuando estás hablando con tu amigo/a de un tema del que desde hace mucho tiempo no se comenta nada. Sorpresa: han pasado muchas cosas desde entonces.

“Curiosity killed the cat”

La curiosidad mató al gato.

Y se quedó sin siete vidas.

“To call things by their name”

Las cosas claras y el chocolate espeso.

Abrimos un melón. ¿La sinceridad está sobrevalorada?

“Not my circus, not my monkeys”

Eso no es asunto mío.

Respetas la vida de todos. No te metes en la de nadie.

“None so deaf as those who will not hear”

No hay peor sordo que el que no quiere oír.

A veces la vida te pone las cosas de frente para que te des cuenta. Pero luego hay quien no quiere ver la realidad.

“An eye for an eye, a tooth for a tooth”

Ojo por ojo y diente por diente.

Sinónimo de karma.

“Shoot the breeze”

Darle a la lengua.

El deporte favorito de los cotillas.

“I’m shocked”

Me pinchas y no sangro.

Algo te acaba de dejar muy sorprendido, tanto que si te pinchas no sale sangre. Te has quedado congelado.

“Silence gives consent”

Quien calla, otorga.

Esos segundos de silencio que se producen cuando le dices la verdad a alguien. Ay… esos segundos.

Vocabulario extra

Quedarse con las palabras en la punta de la lengua cuando estás contando algo te corta el rollo.

Aquí te proponemos unas cuantas para que consigas salir del paso y puedas completar tu cotilleo con éxito: 10 de 10.

Affair: aventura.

Amazing: increíble. *Pa mear y no echar gota.*

Bigmouth: bocazas. Chivato/a. Gilipollas.

Blabbermouth: chismoso. Cotilla. Ve a *Sálvame*.

Break up: romper/separarse de alguien.

Connection: conexión. Cuando dices algo al mismo tiempo que tu *best friend*.

(to) Discuss: discutir. Nuestra actividad favorita.

Dish the dirt: sacar los trapos sucios. Abrir el cajón de mierda.

Evil eye: mal de ojo.

Failure: fracaso. ¡Qué miedo!

Fake: falso.

Flirtation: tonteo o coqueteo.

Gossip: cotilleo. Aquí hay tomate.

Grave: tumba.

Infidelity: infidelidad. Ninguna sorpresa.

Unpopular opinion: opinión impopular. Eso que opinas pero que poca gente se atreve a decirlo.

My lips are sealed: Mis labios están sellados. Soy una tumba. De aquí no sale nada.

Sugar daddy: hombre maduro y de buena posición que mantiene a una joven a cambio de sexo o compañía.

Sugar mommy: lo mismo de antes, pero en señora.

Kill: matar.

Nosy: curiosa/curioso. Al que le pasó lo que al gato.

Pregnant: embarazada. No puede faltar en un cotilleo.

Rumour / Rumor: rumor: cuando el río suena...

Sexual attraction: atracción sexual. Las caras, Juan, las caras.

Evaluasays

Si tienes la piel muy fina, pasa de página. Si no, te invitamos a que le hagas una foto al siguiente formulario y se lo pases a los ofendiditos de turno cuando comentas algo.

Hojas de reclamaciones por aquí.

Un beso.

Formulario para ofendiditos, con tus opiniones

Fecha de la queja: .... **Hora:** ....

Motivo de la ofensa:

- ☐ Se han metido con mi madre.
- ☐ Han dicho algo de mí que no es cierto.
- ☐ Se han metido con algún colectivo vulnerable.
- ☐ Otros.

¿Ha llorado?

- ☐ Sí.
- ☐ No.
- ☐ Lo he intentado.

¿Ha contestado?

- ☐ Sí.
- ☐ No.
- ☐ Lo he intentado, pero me he bloqueado.

EN CASO DE HABER CONTESTADO:

¿Ha hecho usted el ridículo?

- ☐ Sí.
- ☐ No.

¿Se arrepiente de su comentario?

- ☐ Sí.
- ☐ No.

Tras recibir el comentario, y analizando su comportamiento posterior, considera que:

- ☐ Soy gilipollas.
- ☐ Soy un/a llorica.
- ☐ Tengo la piel muy fina.
- ☐ Quiero a mi mami.
- ☐ Nadie le ha dado "Me gusta" a mi respuesta.
- ☐ La vida es injusta.
- ☐ Me cago en sus muertos.
- ☐ Me creo mejor que los demás.
- ☐ No me creo, lo soy.
- ☐ Otro motivo.

Capítulo 7

Éramos pocos y parió la abuela

Frases para convivir con alguien

Este capítulo ha sido escrito mientras escuchábamos *La vida es un carnaval*, de Celia Cruz. Azúuuuucar.

Convivir puede generar roces, discusiones, movidas, pero también muchos buenos momentos que quedan para siempre en nuestra memoria.

Para muchos, convivir con otras personas supone una etapa de crecimiento personal; para otros, es un sufrimiento, pero, como dirían nuestros padres, de todo se aprende.

Esta parte de nuestras vidas merecía tener un espacio en el libro.

Caseró metro

Vamos a valorar con cinco casas las frases más amigables e identificativas en una convivencia, y con tres y una las que menos.

“This place is very messy”

¡Esto parece el coño de la Bernarda!

Es hora de que limpies un poco, ¿no?

“Leave me alone”

Joder, ya ni cagar en paz puedo.

Ir al baño con absoluta tranquilidad es un placer incalculable.

“Close the door, please”

Que manía con dejar la puta puerta abierta, coño.

Aclaración: dejar la puerta “entornada” no cuenta como cerrarla. Gracias.

“I’m picky”

Soy un/a tiquismiquis.

Se usa cuando a alguien le molesta todo. De todos.

"To pay for the sins of others"

Pagar justos por pecadores

Y si no has hecho nada... pues, como dijo Herodes, te jodes.

"Turn the lights off, please"

La luuuuuuuz.

Cuando empiezas a pagar tu propia factura de la luz es cuando más recuerdas las palabras de tus padres.

"Let's meet halfway"

Ni para ti ni para mí.

Busquemos el kilómetro 0 de la cuestión. En el equilibrio está la clave.

"As if you/he/she owned the place"

Como Pedro por su casa.

Cuando invitas a alguien a casa, le das un dedo y te coge el brazo entero.

"To have half a brain"

No tener ni dos dedos de frente.

Hay que pensar las cosas antes de hacerlas y ser responsables con nuestros actos.

"Cut the comedy!"

Déjate de tonterías.

Compórtate, que ya tienes una edad.

"Don't trust anyone"

Donde menos se espera, salta la liebre

¡No te fíes de nadie! Cuando menos te lo esperes, algo te sorprende.

"We're even"

Estamos en paz.

No te debo nada.

"To have forty winks"

Echar una cabezadita.

Una siesta de entre 15 y 120 minutos.

"Spick and span"

Como los chorros del oro.

Limpieza de 10.

"To see eye to eye with somebody"

Tener el mismo punto de vista.

¿Polos opuestos se atraen? No lo creo.

"I'm tired of this shit"

Esto no hay quien lo aguante.

Estás a punto de incumplir el contrato de arrendamiento. No pierdas la fianza y aguanta un poco más.

"Make yourself at home"

Estar como en casa.

Para cuando invites a gente a casa.

“Turn a blind eye”

Hacer la vista gorda. Mirar para otro lado.

Cuando alguien finge no darse cuenta de algo porque no le conviene o no quiere involucrarse.

“You might as well”

Ya de paso...

Frase para pedir un favor. Ya de paso... tráeme agua, acércame el mando, tráeme algo del supermercado...

“It’s like talking to a brick wall”

Es como hablarle a la pared.

¿Escucháis eso? Es el silencio.

“To pull your socks up”

Ponerse las pilas.

Encuentra su origen en la página 185

Activarse, esforzarse, más o menos como si nos pusiéramos unas pilas en el cuerpo para empezar a funcionar.

“It’s high time”

Ya va siendo hora de que...

Te pongas a hacer algo de una puñetera vez.

“To be a cold fish”

Ni siente ni padece.

Hay gente poco sensible. Esa gente que no reacciona ante nada.

“Cut to the chase!”

Ve al grano.

Déjate de rodeos.

“Rule of thumb!”

Por regla general...

No generalices. Está feo.

“To bark up the wrong tree”

Buscar en el sitio equivocado.

Marie Kondo patrocina este espacio.

"To have bigger fish to fry"

Tener cosas más importantes que hacer.

Deja de tocarte el higo y ponte a hacer algo de verdad.

"To get down to business"

Ponerse manos a la obra.

Hora de hacer tareas del hogar.

"Better safe than sorry"

Más vale prevenir que curar.

Y más vale hacerlo tarde que nunca.

"Piece of cake" / "No-brainer"

Pan comido.

Cuando algo es demasiado fácil. ¿Fregar el suelo? Pan comido.

Vocabulario extra

Para convivir con alguien tienes que aprender a compartir. Así que vamos a compartir contigo algunas palabras en inglés que te ayudarán a nombrar cosas que te encontrarás en el bonito camino —o no tan bonito— de la convivencia.

Academic year: curso académico. El que deseas que acabe ya.

Air conditioning: aire acondicionado. Cuidado con la factura de la luz.

Beachfront: primera línea de playa. Un privilegio total, oye.

(to) Clean: limpiar. Lo que le gusta a poca gente.

City: ciudad.

Cost: costar.

Deposit: fianza. La amenaza fantasma de cualquiera que busque un piso de alquiler.

Dishwasher: lavavajillas. Bendito/a quien lo tenga.

Electricity included: factura de la luz incluida en el precio. Un tesoro hoy en día, oye.

Expenses: gastos. Si son a compartir, mejor.

Garage: cochera.

Gas: calefacción de gas.

Ground floor: planta baja.

Heat pump: bomba de calor.

Housework: tarea del hogar.

Landlord: casero/a. Lo/a odias o lo/a amas.

No smoking: no fumadores.

Noise: ruido. Cuando las paredes son de papel y escuchas hasta la alarma del vecino. ¡Joder!

Partner: compañero.

Pet-friendly: se aceptan perros. Nuestros pisos favoritos.

Reliable: fiable

Rent: alquiler.

Share: compartir.

Smokers: fumadores.

Storage: trastero.

Tenant: inquilino.

Evaluasays

Conocerse a fondo es parte del proceso de convivir con alguien y compartir el mismo espacio.

En algunos casos, nunca se acaba de conocer a la persona por distintos motivos, es por ello que os regalamos un test de compatibilidad de 63 preguntas para que, en una conversación con unas cerves, agua, vino o lo que bebas, lo puedas hablar con calma.

¡Buen viaje!

Test de compatibilidad

1. ¿Cuál es tu color favorito?
2. ¿Cuál es tu frase favorita?
3. ¿Cuál es tu lugar preferido del mundo?
4. ¿Usas el sarcasmo?
5. ¿Cuál es tu película favorita?
6. ¿Cuál es tu canción favorita?
7. ¿Cuál es tu grupo o cantante favorito /a?
8. Nombra a alguien a quien ames.
9. ¿Qué festividad te gusta más?
10. ¿Te llevas bien con tu ex?
11. Menciona algo que te emocione.
12. ¿Te gustan las mascotas?
13. ¿Cuál es tu signo del Zodiaco?
14. ¿Cuál es tu número de la suerte?
15. ¿Dónde naciste?
16. Menciona algún talento especial que tengas.
17. ¿Te casarías por la Iglesia?
18. ¿Crees en alguna religión?
19. ¿Has incumplido la ley en algún momento?
20. ¿Te gustaría ser famoso?
21. ¿Cuánto tardas en ducharte?
22. ¿Qué palabra utilizas con más frecuencia?
23. ¿Cuál es tu comida favorita?
24. ¿Qué es lo que te da más miedo?
25. ¿Hablas solo?
26. ¿Haces deporte?
27. ¿Bebes alcohol?
28. ¿Te has drogado alguna vez?
29. ¿Con cuántas almohadas duermes?
30. ¿Tienes alguna cicatriz?
31. ¿Tienes tatuajes?
32. ¿Eres bueno mintiendo?
33. ¿Juzgas sin conocer?
34. ¿Hablas más de un idioma?
35. ¿Cuál es tu idioma favorito?
36. ¿Eres zurdo/a o diestro/a?
37. ¿Te dan miedo las arañas?
38. ¿Eres desordenado/a?
39. ¿Qué te molesta?
40. ¿Cuál es el trabajo de tus sueños?
41. ¿Te gusta tu nombre?
42. ¿Cuál es tu ideología política?
43. Di algo que te cabree mucho.
44. ¿A qué lugar te escaparías?
45. ¿Cuáles son tus debilidades?
46. ¿Hay alguien que te haya influido especialmente?
47. ¿Qué cambiarías de ti?
48. ¿Qué harías si te quedara un día de vida?
49. ¿Hay alguien que te conozca muy bien?
50. ¿Qué te gusta de ti?
51. ¿Te gusta que te aconsejen?
52. ¿Qué harías si fueras del sexo opuesto por un día?
53. ¿Hay algo que te dé miedo hacer?
54. Menciona algo que te haga reír.
55. ¿Te arrepientes de algo?
56. ¿Qué es lo más loco que has hecho?
57. ¿Cuál es tu serie preferida?
58. ¿Qué animal te gustaría ser?
59. ¿Crees en los ovnis?
60. ¿Qué momento te gustaría repetir?
61. Menciona alguna cosa en la que creas, pero los demás no.
62. ¿Te gustan los atardeceres?
63. ¿Eres partidario de casarte o no?

Capítulo 8

Esta noche, carricoche

Frases para la primera cita, rolletes de una noche o “peor es nada”

Este capítulo ha sido escrito mientras escuchábamos *Me quedo contigo,* de Los Chunguitos. Ah, la versión de Rosalía también nos gusta.

Hay citas a ciegas, citas que se pasan en un abrir y cerrar de ojos, citas incómodas, otras que se van de hora, unas inolvidables y otras dignas de olvidar.

Porque toda historia de amor empieza con una primera cita. Cómo acabe, es cosa tuya.

Picantó metro

Hemos recopilado algunas frases que se pueden usar en una primera cita, valorándolas con el "picantómetro": con cinco guindillas las más calientes, y con tres y una las de ir "calentando el terreno".

“Where you from?”

¿De dónde eres?

Empecemos por lo importante.

“I’m from Spain”

Vengo del mejor país del mundo.

Y punto pelota.

“I love you”

Te como la cara.

¿Nos invitáis a la boda?

“I want to fuck you tonight”

Esta noche, carricoche.

Llamad a los bomberos, que después de esta frase te rozan y ardes. Y no en el infierno.

“To leave (someone) hungry for more”

Quedarse con la miel en los labios.

Quedarse con las ganas de hacer algo, a punto de hacer algo que nos gusta, pero no llegar a hacerlo del todo.

“What do you do for a living?”

¿Estudias o trabajas?

Frase básica de primero del manual de citas.

“I’m rich”

Tengo tierras.

Hay gente para todo.

“Are you jealous?”

¿Eres celoso/a?

Estás a tiempo de huir.

“This is giving me the creeps”

Me estás poniendo los pelos de punta.

Alerta naranja por aumento de temperatura. Tsunami en camino.

"I like you a lot"

Me haces tilín.

Nosotros no somos de "mariposas en el estómago", somos de hacer tilín.

"I'm in love with you"

Estoy enchochado/a.

No vayas tan rápido.

"You're a very interesting person"

¿Te llamas Google? Porque tienes todo lo que busco.

Repetimos lo de antes. No vayas tan rápido, amigo/a.

"What's your name?"

¿Cómo has dicho que te llamabas?

Cuando las cervezas o *gin-tonics* hacen efecto.

"You're my other half"

Eres mi media naranja.

¡Por fin! Lo has conseguido. Ahora intenta no meter la pata. Gracias.

"You are very nice"

Eres más majo/a que las pesetas.

Frase que se le dice a alguien que es muy simpático/a o agradable.

"A quickie"

Aquí te pillo, aquí te mato.

Para las primeras citas que se dan en baños públicos. Tiene que haber de todo en la viña del Señor.

"My heart is broken"

Mi corazón está roto.

Hora de ahogar las penas. Basta ya de llorar.

"I'm lonely"

Me siento solo.

No te hagas la víctima.

"This is easier said than done"

Del dicho al hecho hay un trecho.

En ocasiones, existe mucha distancia entre lo que uno dice y lo que hace, por lo que conviene no confiar en promesas que pueden no cumplirse. Ojo, cuidado.

"The problem is me"

No eres tú, soy yo.

La excusa menos válida para salir de una cita, relación, llámalo como quieras.

"Better the devil you know than the devil you don't"

Más vale malo conocido que bueno por conocer.

Llama a la cautela. No conviene arriesgar aquello que se tiene o se conoce por algo que es supuestamente mejor.

"We'll break up the relationship soon"

Nos queda un telediario.

Cuando sabes que ya no hay nada que hacer.

"I'm horny"

Estoy cachondo/a.

Como diría Don Omar: "Hoy es noche de sexo".

"Make love, not war"

Haz el amor y no la guerra.

Paz y amor. Mucho amor.

"I'm single"

No me como ni un rosco.

A pan y agua.

"You are my soulmate"

Eres mi alma gemela.

Algo así como la media naranja, pero a lo mejor lo vuestro no está destinado a ser una relación de amor, sino de amigos. Todos encontramos en ellos almas gemelas.

“I never felt like this before”

Se me cae la baba.

Situación en la que no te has encontrado nunca, pero te gusta. Tanto que se te cae la baba. ¡Ayyy, el tilín!

“I’m tired of you”

Estoy hasta el coño de ti.

Seguido de un “cállate un mes” o algún modismo parecido.

“Paint from the same brush”

Mismo perro, distinto collar.

Esta va relacionada con la siguiente. ¡A correr!

“I have to go!”

Tengo que irme.

Una retirada a tiempo es una victoria.

Vocabulario extra

Las relaciones pasan por tantas fases que es imposible reducirlo a 30 frases. Completa tus oraciones con estas palabras y triunfa en el amor.

Oye, Siri, reproduce la marcha nupcial en Spotify.

Ta ta ta tatán... Ta ta ta tatán...

Admiration: admiración. Lo que sientes con una persona que vale la pena.

Caress: caricia. Ten cuidado, que el roce hace el cariño.

Couple: pareja.

Desire: deseo. Si es carnal, mejor.

Engaged: comprometido/a. Fuera del mercado.

Feeling: sentimientos. Cuando los tienes, querido/a amigo/a, déjame decirte que estás jodido/a.

(to) Flirt: coquetear.

Fondness: afecto.

Friendship: amistad.

Heart: corazón. El que te rompen luego.

love at first sight: flechazo. Cuando te pasa es indescriptible. Y peligroso.

Loyalty: fidelidad. Jajajajajaja. Nada más que decir.

Sweetheart: corazón.

Sweetie: dulzura.

True love: amor verdadero. Jajajajajaja. Parte dos.

Wedding: boda. Lo mejor de las relaciones. Los bodorrios. Si tenéis alguno y nos queréis invitar, aceptamos propuestas en hola@spainsays.es

Hug me: Abrázame.

I adore you: Te adoro.

I care about you: Me preocupo por ti.

I dream about you: Sueño contigo.

I miss you: Te echo de menos.

I need you: Te necesito.

Kiss me: Bésame.

You smell good: Hueles muy bien.

Evaluasays

¿Qué preguntarías en una primera cita?

¿Tienes líneas rojas, cosas muy concretas que no puedes tolerar? ¿Tienes una pregunta estrella que actúa como filtro para saber si pasas a la siguiente fase o no?

Sea cual sea tu estrategia para conocer a alguien, hay cosas básicas, de manual, que nos ayudan a saber si con quien nos estamos tomando una cerveza (o lo que sea) es el/la indicado/a.

Rellena tu ficha como si de Tinder se tratara. Piensa que será tu carta de presentación.

a) ¿Qué te apasiona en la vida?

b) ¿Cuál es tu ideología política?

c) ¿Con qué sueñas?

d) ¿Con quién vives?

e) ¿Cuál es tu artista favorito?

f) ¿Cuál es el trabajo de tus sueños?

g) Si pudieras tener un superpoder, ¿cuál elegirías y para qué lo usarías?

h) ¿Tienes alguna manía incontrolable?

i) ¿Crees en Dios o en algo superior?

j) ¿Te han roto el corazón?

k) ¿Has sido infiel?

l) ¿Qué piensas de la infidelidad?

m) ¿Cuál sería tu pareja perfecta?

n) ¿Cuál es tu fantasía sexual?

o) ¿Qué es lo más loco que has hecho en la cama?

p) ¿Harías un trío?

q) ¿Buscas algo serio?

r) ¿Tienes secretos?

s) ¿Algo que no te guste de mí?

t) ¿Qué es para ti el amor?

Capítulo 9

Hoy me bajo de la vida

Frases para cuando tienes un día de mierda o estás de mal humor

Este capítulo ha sido escrito mientras escuchábamos *Es gratis,* de Arnau Griso.

Hay días de todos los colores.

Algunos son como de colorines, en plan arcoíris, y en ellos la felicidad desborda del vaso. Otros, por el contrario, son tan negros que lo único que quieres es "bajarte de la vida".

Aunque siempre nos hayan dicho que después de la tormenta viene la calma, desahogarte en los momentos de bajón también está bien.

Mierdó metro

Valoramos con cinco mierdas las frases más depres, las que salen del corazón con rabia, y con tres y una las "menos mierda".

“Over a barrel”

Con el agua al cuello.

Cuando sentimos que nos ahogamos en un mar de mierda...

“Take it with a pinch of salt”

No te lo tomes al pie de la letra.

Relájate. No hay que tomárselo todo tan en serio.

“To be on the ground”

Tener los pies en el suelo.

Para ver las cosas con perspectiva hay que tener los pies en el suelo.

“Get up on the wrong side of bed”

Me he levantado con el pie izquierdo.

Sinónimo de mala suerte.

“Evil eye”

Me ha mirado un tuerto.

Y si la cosa es mayor: me ha mirado un congreso de tuertos.

“To be feell down / down in the dumps”

Estar de bajón.

Cuando estás hecho/a una caca, no estás para nada y te sientes un/a inútil.

“Some people are just born lucky”

Unos nacen con estrella y otros estrellados.

¿La excusa para justificar los fracasos?

“I really have bad luck”

Monto un circo y me crecen los enanos.

Te falta que te cague una paloma.

“Down to earth”

Bajar a tierra.

Al igual que tener los pies en el suelo, hay que bajar a tierra para que la hostia sea menor.

“I’m tired of my life”

Estoy hasta el higo de mi vida.

Todo dicho.

“Cannot do anything right”

No dar pie con bola.

Estás cansado/a de intentar muchas veces lo mismo sin resultado alguno.

“I’m jinxed”

Estoy gafado.

Acto seguido: “Todo me pasa a mí”.

“Fuck off and die!”

Me cago en mis muertos.

¡Joderrrrrrrr!

"Hit below the belt" ▲▲▲

Esto ha sido un golpe bajo.

Uf, cuando no te esperas algo de alguien...

"Grim face" ▲▲▲

Cara de pocos amigos.

También nos gusta "cara de culo". *Ass face.*

"Today is not my day" ▲

Hoy no es mi día.

Definitivamente.

"I've stepped on a cat's/dog's shit" ▲▲▲▲▲

He pisado una mierda.

Joder, lo que faltaba ya.

"Going to hell in a handbasket" ▲▲▲

Voy cuesta abajo y sin frenos.

Cuando ya no sabes que más hace falta para hundirte en la miseria. Cuesta abajo y sin frenos.

"I'm a loser"

Esto me pasa por gilipollas.

Te lo mereces. No te quejes.

"Out of the frying pan, into the fire"

De Guatemala a Guatepeor.

Te estás metiendo en algo peor que donde estabas.

"After the storm always comes the calm"

Espero que tras la tormenta venga la calma.

Ánimo. De todo se sale.

"Sad but true"

Triste pero cierto.

Asumir las desgracias cura el alma y te ayuda a buscar la solución.

"To ask for the moon"

No le pidas peras al olmo.

No pretendas que alguien haga algo que, en definitiva, no va a hacer.

"To be between the devil and the deep blue sea"

Estar entre la espada y la pared.

Encuentra su origen en la página 189

Cuidado con las decisiones que tomas en este momento.

"To feel blue"

Estar de capa caída.

Cuando alguien va de "capa caída" es que está triste, deprimido, con los ánimos por los suelos… y lo refleja al exterior.

"I want to die"

Me quiero morir.

No tires la toalla. Solo un recordatorio.

“To go down in flames” 💩

Meter la pata hasta el fondo.

Encuentra su origen en la página 183

La que lías, pollito.

“At the end of your rope” 💩💩💩

Estoy a nada de matar a alguien.

Paciencia. Búscate una sesión de yoga en YouTube o una rutina de ejercicios de Patry Jordán.

“Barking up the wrong” 💩💩💩

Mear fuera del tiesto.

Estás equivocado/a. Lo que dices no es verdad.

“My life is a movie” 💩💩💩💩💩

Mi vida es una broma.

No te crees nada de lo que te pasa.

Vocabulario extra

Durante nuestra vida pasamos por muchos estados de ánimo. Aquí os dejamos unas cuantas palabras para que podáis expresarlos.

Afraid: temeroso/a, asustado/a.

Alarmed: alarmado/a.

Alert: alerta.

Amazed: asombrado/a.

Angry: enojado/a.

Annoyed: molesto/a.

Ashamed: avergonzado/a.

Astonished: asombrado/a.

Bored: aburrido/a.

Calm: tranquilo/a, sereno/a.

Complacent: satisfecho/a consigo mismo/a.

Confused: confundido/a.

Curious: curioso/a.

Cheerful: alegre.

Dejected: desanimado/a.

Depressed: deprimido/a.

Disappointed: defraudado/a.

Disillusioned: desilusionado/a.

Sad: triste.

Satisfied: satisfecho/a.

Scared: asustado/a.

Sick: enfermo/a.

Surprised: sorprendido/a.

Terrified: aterrorizado/a.

Thankful: agradecido/a.

Touched: emocionado/a.

Touchy: susceptible.

Uncomfortable: incómodo/a.

Weary: cansado/a.

Worried: preocupado/a.

Evaluasays

Cuestionario de evaluación

Completa las frases con tu expresión favorita.

Y no, no hay opción válida. Nuestro léxico es demasiado rico como para limitarlo a una expresión.

a) Estoy hasta el/la: ....

....

b) Me tienes hasta el/la: ....

....

c) Te voy a mandar a: ....

....

d) Me cago en: ....

....

e) Eres: ....

....

f) Te piensas que yo soy: ....

....

g) No me cuentes: ....

....

h) Me ves cara de: ....

....

i) Mi vida es una: ....

....

j) Estoy a punto de: ....

....

Capítulo 10

Quien no apoya...

Frases para salir de fiesta

Este capítulo ha sido escrito mientras escuchábamos *Ritmo de la noche,* de Mystic. ¡Temazo discotequero!

Si hay algo que nos gusta a los españoles es la fiesta y compartir con amigos. De hecho, somos el segundo país del mundo que más cerveza consume. Aquí la media de consumo anual por persona es de 417 cervezas al año.

Fuente: Cibeles.

Pocas nos parecen. Aunque, en verdad, bebemos hasta el agua de los floreros: cerveza, cubatas, chupitos, kalimotxo, sangría... ¡Lo que sea!

Así acabamos.

Es por ello que en este capítulo rendimos tributo a esas frases que nos dan la noche.

Chupitómetro

Aquí vamos a valorar las frases por su nivel de alcohol en sangre: con cinco chupitos aquellas de las que al día siguiente nos arrepentimos, y con tres y uno las que te dejan con ganas de más.

"Today we will not drink too much"

Hoy salimos de tranquis.

Pero, espera, que cojo las gafas de sol, por si se lía la cosa. A quién quieres engañar, pillín.

"Whatever will be, will be"

Que pase lo que tenga que pasar.

Con la que está cayendo en el mundo no estamos para arrepentirnos de nada, así que, esta noche, que pase lo que tenga que pasar.

"Jump in the deep end" "

Me voy a lanzar a la piscina.

Después no queremos audios de 4 minutos de WhatsApp arrepintiéndote de lo que has hecho.

"Slut lap"

Putivuelta.

Vuelta de reconocimiento visual que hacemos todos al llegar (o al irnos) de un pub o discoteca para ver si hay alguien decente.

“Extremely drunk”

Voy como Las Grecas.

Te has pasado de chupitos, de copas y de *to*.

“One more for the road!”

La última y nos vamos.

La copa del delito, la que decide la noche. Después de la última, todo suele cambiar. ¿A peor o a mejor? Eso depende de ti.

“Hangover”

Noches de desenfreno, mañanas de ibuprofeno.

Todo acto tiene su consecuencia. Palabra de padres y abuelos.

“Over the moon!”

Estoy muy feliz.

¡Copazo *pal* pecho por lo bien que lo has hecho!

“Buzzkill”

Eres un aguafiestas.

La gente que promete planes y luego se echa para atrás debería estar extinguida del planeta.

“To hit the bottle”

Empinar el codo.

Se masca la tragedia.

“To be a chatterbox”

Hablar por los codos.

A la lista de gente que debería extinguirse sumamos la gente que te come la oreja de fiesta.

“Drown your sorrows”

Ahogar las penas en alcohol.

El alcohol purifica el alma.

“To steal someone’s thunder”

Robar el protagonismo.

Ya tenemos a la estrella de turno.

"The more, the merrier"

Cuantos más, mejor.

Cubatas, chupitos, chicos, chicas... Podríamos hacer una lista infinita.

"The seal is broken"

Me estoy meando.

Cuenta la leyenda que una vez que vas al aseo, tendrás que ir a mear cada dos por tres.

"To be down to fuck"

Quiero echar un polvo.

Estamos pensando en cambiar los chupitos por fueguitos.

"To be high"

Ir más ciego que una patata.

El alcohol empieza a pasar factura.

"To sow your wild oats"

Ir de flor en flor.

La versión 2.0 de la putivuelta.

"You and what army?"

¿Tú y cuántos más?

Hora de hacer planes y organizarse con los amigos.

"You're on thin ice"

Te la estás jugando.

No juegues con fuego si no quieres quemarte.

"Don't judge a book by its cover"

Las apariencias engañan.

Nunca juzgues a un libro por su portada.

"One never know"

Nunca se sabe ...

... lo que puede pasar.

"You've got another thing coming"

La llevas clara.

Si alguien te quiere vender la moto, la lleva clara.

"What a horse's ass"

¡Vaya imbécil!

De fiesta te puedes encontrar con cualquier gilipollas. Ojo, cuidado.

"To snog"

Morrearse con alguien.

Mientras suena de fondo un temazo.

"To have a blast"

Pasarlo pipa.

Bebas o no, lo mejor de la fiesta es pasarlo pipa. Y nos encanta.

“Stop messing around”

Deja de hacer el tonto.

Que al día siguiente te arrepientes de lo que has hecho. El que avisa no es traidor.

“She/he turns me on”

Me pone cachondo.

Una de las frases estrellas entre los jóvenes.

“Not a chance”

No tiene ninguna posibilidad conmigo.

Sorry not sorry.

“Cheers!”

***Pa* arriba, *pa* abajo, *pal* centro y *pa* dentro.**

¡Salud!

Vocabulario extra

De fiesta hay poco de que hablar y mucho que pedir. ¡*Pa* arriba, *pa* abajo, *pal* centro y *pa* dentro!

Bar: un bar de los de toda la vida.

Beer: Cerveza. Bebida de dioses.

(to) Be up all night: trasnochar. Hasta que cierre la discoteca.

Club / nightclub: una discoteca. La que cierras con cualquier temazo.

Cocktail: cóctel.

Coke: bebida de cola. A nosotros nos gusta con ron. Así, como consejito del día.

Come home: recogerse. Un taxi y *pa* casa. Si bebes no conduzcas. Gracias.

(to) Dance: bailar. Hasta que el cuerpo aguante.

(the) Early hours of the morning: la madrugada. Las tantas, vaya.

(to) Getting ready: arreglarse.

(to) Go out: salir por la tarde o la noche. ¿Qué prefieres: tardeo o trasnochazo?

(to) Have dinner: cenar. Las cenas que se unen con la fiesta son nuestras favoritas.

Holiday weekend: puente. El mayor invento de la historia.

Ice: hielo. Y con un *whiskey on the rocks*. Ya os hemos dicho qué significa en capítulos anteriores.

(to) Keep awake: desvelarse.

Lemon: limón. Para la ginebra y el tequila.

Lime: lima. Para los mojitos.

Orange juice: zumo de naranja.

Pub: un pub. Los garitos. Nuestros favoritos.

Red wine: vino tinto.

Rosé: vino rosado.

Rum: ron.

Soda: gaseosa.

White wine: vino blanco.

Evaluasays

Sopa de letras del/a borracho/a

Encuentra estas palabras: ron, vermut, ginebra, brandy, vodka, anís, soda, cerveza, tequila, sidra, vino, refresco y *whiskey.*

¿El alcohol te nubla la vista y no consigues dar con ninguna de ellas? En este QR tienes la solución.

R	O	N	V	A	D	C	A	O	N	I
C	H	I	O	C	S	E	R	F	E	R
V	U	L	O	R	C	R	V	R	O	I
R	V	M	A	V	I	N	T	C	L	M
E	A	W	H	I	S	K	E	Y	N	T
B	S	R	O	N	G	L	Q	U	A	C
A	Q	V	G	O	A	N	U	E	V	E
R	U	C	R	Z	E	A	I	L	A	R
D	E	V	I	L	E	R	L	B	I	V
I	J	O	M	O	B	O	A	S	G	E
S	O	D	A	M	I	L	U	O	J	Z
A	R	B	O	N	R	V	A	Ñ	E	A
Z	O	C	G	A	I	A	X	A	M	B
R	B	A	B	E	R	S	F	V	O	L
E	V	L	E	B	R	A	N	D	Y	A
V	O	S	E	T	B	E	K	K	E	L
O	A	N	L	A	N	V	S	D	S	O
S	I	T	R	E	L	O	A	A	O	H
G	U	V	I	N	T	U	M	R	E	V

Capítulo 11

Viva la madre que me parió

Frases patentadas por madres

Este capítulo ha sido escrito mientras escuchábamos *Jerusalema,* de Master KG.

Tus padres, esa biblioteca de sabiduría que te prepara para afrontar la vida, a chancletazo limpio si es necesario, esos magos en potencia que todo lo encuentran, todo lo saben.

Muchos tienen la suerte de tenerlos aún a su lado. Otros no. Pero sus frases quedarán grabadas en nuestra memoria.

Papá, mamá, con vosotros empezó todo.

Chancló metro

Valoramos con cinco chanclas las frases más fuertes, esas que te dicen o te decían chillando, y con tres y una las menos fuertes.

Este es nuestro homenaje.

"To clutch straws"

Agarrarse a un clavo ardiendo.

Valerse de cualquier recurso, por difícil o arriesgado que sea, para salvarse de algo.

"The pot calling the kettle black"

Le dijo la sartén al cazo.

Se aplica a quienes poseen defectos y critican los mismos defectos en otras personas.

"I'm sick of you"

Me tienes hasta el moño.

Frase estrella de tu madre cuando no puede más contigo.

"From A to Z"

De pe a pa.

Significa saber algo al detalle, en su totalidad, desde la A hasta la Z.

"Like father, like son"

De tal palo, tal astilla.

Imitar o adquirir algunas características de nuestros padres o del entorno en el que crecemos o nos criamos.

“Birds of a feather flock together”

Dios los cría y ellos se juntan.

Lo contrario a eso de que “los polos opuestos se atraen”. La gente con la misma personalidad se suele juntar.

“Call a spade a spade”

Al pan, pan y al vino, vino.

Las cosas claras y el chocolate espeso.

“A different kettle of fish”

Ser harina de otro costal.

Se usa para indicar que algo o alguien no es lo que aparenta o no es lo mismo que con lo que se compara. De hecho, por lo general suele ser peor...

“You’ll thank me one day”

Ya me lo agradecerás el día de mañana.

No te preocupes...

"Periodt"

Porque lo digo yo. Y punto.

Te callas, y a dormir.

"I will kick your ass"

Vas a llevar hostias hasta en el DNI.

Advertencia: mamá o papá *on fire*.

"Never say never"

Nunca digas de esta agua no beberé, ni este cura no es mi padre...

Acaba tú el refrán.

"Teaching grandmother to suck eggs"

Mas sabe el diablo por viejo que por diablo.

Haz caso a la gente que tiene experiencia.

"To take (something) with a pinch of salt"

Coger algo con pinzas

Cuidado.

"Make it quick"

Bébete el zumo, que se le van las vitaminas.

Esto es una falsa creencia. Las vitaminas del zumo de naranja se conservan perfectamente durante 12 horas hasta que el zumo se vuelve amargo.

"I'm out of here"

Algún día cojo la puerta y me voy.

Primer aviso.

Spoiler: nunca sucede.

"As long as you live here..."

Mientras vivas en esta casa, cumplirás mis normas.

Las casas de nuestros padres siempre tienen más normas que una cárcel. Pero... ¿y lo a gustito que se está a veces?...

"Do it yourself"

¿Pero tú qué te crees? ¿Que esta casa es un hotel?

Hazlo tú mismo. No vayas por ahí pidiendo a tu madre o a tu padre que lo haga todo. Esto no es un hotel.

“Are you dumb?”

Si tu amigo se tira por un puente, ¿tú también?

¿Eres tonto/a? Ten un poco de personalidad. Haz caso a mamá y/o a papá.

“Nobody respect me”

En esta casa me tomáis por el pito del sereno.

Acto seguido: “Señor dame paciencia... porque como me des fuerza...”.

“You get the children you deserve”

Cría cuervos y te sacarán los ojos.

A pesar de la ingratitud de las personas que a veces te puedas encontrar por ahí, haz el bien y no mires a quién.

“It worked wonders”

Ser mano de santo.

Cualquier remedio que te digan tus padres es mano de santo.

“To add fuel to the fire”

Echar leña al fuego.

Contribuir a que empeore un mal o que aumente el enfado de alguien. Nuestro consejo ante esta frase de los padres: callarse.

“I’m thankful”

De bien nacidos es ser agradecidos.

Hay que reconocer y agradecer a quienes nos han prestado ayuda en algún momento de nuestras vidas.

“The shoemaker’s son always goes barefoot”

En casa del herrero, cuchillo de palo.

Cuando, paradójicamente, faltan determinadas cosas en sitios donde tendría que ser fácil o lógico encontrarlas o conseguirlas.

“Be over it”

Estar curado de espantos.

Mostrarse impasible ante algo que debería impresionar por estar acostumbrado a ello.

"Brevity is the soul of wit"

Lo bueno, si breve, dos veces bueno.

Lo bueno en exceso puede ser perjudicial, pero lo malo en una pequeña dosis puede ser beneficioso.

"If you lie down with dogs, you'll wake up with fleas"

Quien con niños se acuesta, meado amanece.

Advertencia de padres: alerta a las consecuencias que conlleva andar con ciertas personas cuyo comportamiento es como el de un niño.

"Lies have short legs"

Se coge antes a un mentiroso que a un cojo.

Todo se acaba sabiendo en algún momento.

"It's raining"

Laaaaaa ropaaaaaaa.

Cosas que pasan siempre: tender la ropa y que empiece a llover. Y el típico grito de tu madre o tu padre: laaaaa ropaaa, que está lloviendo.

Vocabulario extra

Nunca está de más darle un repasito al capítulo *family*. Que luego, entre unos y otros, la cosa se lía y la comida de Navidad acaba como el rosario de la aurora…

Aunt: tía.

Brother: hermano.

Brother-in-law: cuñado.

Children: hijos.

Cousin: primo/a.

Daughter: hija.

Father: padre.

Father-in-law: suegro.

Grandfather: abuelo.

Grandmother: abuela.

Great-grandfather: bisabuelo.

Great-grandmother: bisabuela.

Husband: marido.

Identical twins: gemelos.

Mother: madre.

Mother-in-law: suegra.

Nephew: sobrino.

Niece: sobrina.

Parents: padres.

Sister: hermana.

Sister-in-law: cuñada.

Son: hijo.

Son-in-law: yerno.

Stepdaughter: hijastra.

Stepfather: padrastro.

Stepmother: madrastra.

Stepson: hijastro.

Twins: mellizos.

Uncle: tío.

Wife: mujer/esposa.

Evaluasays

¿Hay algo más español que una madre persiguiéndote con una chancla en la mano mientras te dice lo que tienes que hacer sí o sí porque lo dice ella? No. Y así cientos de anécdotas más.

Nuestras madres han grabado momentos inolvidables en nuestra memoria, y hoy queremos que lo dejes escrito en papel.

Anécdota relacionada con tu madre que más vergüenza te haya hecho pasar cuando eras pequeño/a.

....

....

....

Viaje inolvidable con tu madre.

....

....

....

Frase que tu madre te soltaba una y otra vez cuando eras pequeño/a.

....

....

....

Comida de tu madre que repetirías toda tu vida.

....

....

....

Un momento especial con tu madre que te gustaría volver a vivir.

....

....

....

Capítulo 12

Hasta luego, Mari Carmen

Frases para irte de viaje

Este capítulo ha sido escrito mientras escuchábamos *Libre,* de Nino Bravo.

Nos encanta perdernos por cualquier rincón del planeta, pero si lo hacemos en España, mejor. Tenemos el mejor país del mundo para conocer y disfrutar de sitios increíbles hasta en el pueblo más remoto.

Viajemos, y no paremos de viajar. Incentivemos el turismo en nuestro país.

Así que, como dijo Godoy: "Que os den por culo, que yo me voy".

Avionó metro

Le damos cinco aviones a las frases más representativas en un viaje, y de tres a uno a las menos.

Abróchate en cinturón.

✈✈✈✈✈

✈✈✈

✈

“Off the beaten track”

Eso está en el quinto pino.

Y a tomar por culo de aquí.

“To ring a bell”

Me suena.

Esta piedra ya la he visto dos veces.

“Dog days”

Derreterirse vivo.

Como una pegatina en una farola.

Podríamos acabar esta frase de mil maneras: alicatando un volcán, una romería en Kenia, en la comunión de Charmander, vigilando un puchero... Pero básicamente es para decirla en los días más calurosos del verano.

"I'm lost"

Más perdido que un pulpo en un garaje.

No sé ni dónde estoy.

"Jump ship"

Abandonar el barco.

A todos esos amigos que nos abandonan antes de hacer cualquier plan: que os den.

"It's a small world"

El mundo es un pañuelo.

Nos encontramos a algún/a conocido/a en cualquier sitio.

"Out of the blue"

Como caído del cielo.

Eso nos ha venido como "anillo al dedo" y "agua de mayo" a la vez.

“To get cold feet”

Echarse para atrás.

Cobarde.

“Are you afraid of airplanes?”

¿Te dan miedo los aviones?

La peor parte de los viajes para muchos/as.

“Step by step!”

Sin prisa, pero sin pausa.

Llegarás algún día.

“It’s my treat”

Invito yo.

Punto positivo.

"It sounds Greek to me" ✈✈✈✈✈

Me suena a chino.

Cuando no entendemos ni papa / ni un carajo de lo que nos están contando. Así que, a otra cosa, mariposa.

"Mind the gap" ✈✈✈✈✈

El bacheeeeeeeee.

Versión exterior de "La puertaaaaaa".

“It’s raining cats and dogs”

Llueve a cántaros.

Pa un día que salimos y nos llueve. Joder.

“What a palaver!”

Menudo follón.

Vaya sarao el que hay aquí *montao.*

Vocabulario extra

Todos deseamos que llegue ese momento en el que cogemos nuestras maletas y nos vamos a tomar por culo, cuanto más lejos mejor. Tan a tomar por culo que terminas en un sitio donde no hablan tu idioma y te quedas *off* cuando te dicen algo.

La solución para salir del paso te la dejamos a continuación.

Airline: aerolínea.

Airport: aeropuerto.

Arrivals: llegadas.

(to) Board: subir [a un medio de transporte], embarcar.

Booking: reserva.

Bus: autobús.

Car: coche.

Check-out: salida del hospedaje.

Customs: aduana.

Delayed: atrasado.

Departures: salidas.

Destination: destino.

Driver: conductor.

Elevator: ascensor.

Layover: escala.

Luggage: equipaje.

On time: en hora.

One-way: ida.

Plane: avión.

Platform: andén.

Refund: reembolso.

Return: vuelta.

Seat: asiento.

Station: estación.

Stop: parada.

Sunway: metro.

Ticket: billete.

Transfer: transbordo.

Vacancies: plazas disponibles.

Waiting room: sala de espera.

Evaluasays

Test de geografía española

¿Podrás aprobarlo? Selecciona solo 1 respuesta de las 3 opciones y comprueba, en la siguiente página, si has acertado.

1. ¿Cuál es la montaña más alta de la península?
   a) Aneto (Huesca)
   b) Mulhacén (Granada)
   c) Picos de Europa (Asturias)

2. La calle más larga de España es…
   a) Gran Via de les Corts Catalanes (Barcelona)
   b) Calle Alcalá (Madrid)
   c) Paseo de la Castellana (Madrid)

3. El metro cuadrado más caro de España lo tiene...

a) Formentera
b) San Sebastián
c) Sitges

4. ¿Qué monumento ha inspirado uno de los castillos de Disney?

a) Castillo de Butrón (Vizcaya)
b) El Alcázar de Segovia (Segovia)
c) La Alhambra (Granada)

5. ¿Qué comunidades autónomas tienen nombres de río?

a) La Rioja y Aragón
b) La Rioja y Cantabria
c) Aragón y Navarra

6. El afluente más largo de España es...

a) Río Esla (Castilla y León)
b) Río Guadarrama (Madrid)
c) Río Genil (Andalucía)

7. Si Castilla y León fuera un país, sería más grande que...

a) Grecia
b) Bulgaria
c) Portugal

8. ¿En la costa de qué isla o provincia se encuentran las playas más largas de España?

a) Fuerteventura
b) Huelva
c) Pontevedra

Respuestas

1. Mulhacén, Granada. En lo alto de Sierra Nevada se encuentra el pico más alto de la península y el segundo de España, solo por detrás del Teide, con una altitud de 3.482 metros sobre el nivel del mar. En la cumbre se han llegado a registrar temperaturas de -20 grados centígrados.

2. Barcelona acapara el listado. De las 20 calles más largas de España, 14 se sitúan en la Ciudad Condal, siendo la Gran Via de les Corts Catalanes la mayor, con una longitud de 13 kilómetros y 689 portales. Comienza en los límites de Barcelona, en la frontera con Hospitalet de Llobregat, y termina en el otro extremo, justo a la entrada de Sant Adrià de Besòs.

3. La pequeña de las Pitiusas (Formentera) posee el precio del suelo más caro de España, con una media de 7.401 euros. El *ranking* lo completan otras cuatro localidades baleares: Deya, Ibiza, Sant Joan de Labritja y Sant Josep de Sa Talaia.

4. El Alcázar de Segovia ha servido de inspiración para muchos artistas y, entre todos ellos, quizás el más famoso sea Walt Disney. La compañía de animación se inspiró en esta fortificación para películas como *Blancanieves* o *La Bella Durmiente.* Resultan especialmente llamativos los torreones azules acabados en punta.

5. Solo dos comunidades autónomas reciben su nombre de alguno de los ríos que fluyen por sus territorios. Se trata de La Rioja, que adopta el topónimo del río Oja, y Aragón, uno de los principales afluentes del río Ebro.

6. El Genil nace en las cumbres de Sierra Nevada y es uno de los principales afluentes del Guadalquivir, llegando a recorrer 359 kilómetros. Su nombre deriva del término latino Singilis, que los árabes transcribieron como Sinnil o Sinyil, que significa 'mil Nilos' (sin = mil; Nil = Nilo), comparándolo con uno de los ríos más importantes del mundo y en alusión a sus numerosos afluentes.

7. Con 94.226 km^2, esta región sería el undécimo país más extenso en superficie de todo el Viejo Continente. En el *ranking* estaría superado directamente por Grecia (131.940 km^2) y Bulgaria (110.910 km^2), y detrás tendría a Hungría (93.030 km^2) y a Portugal (92.391 km^2).

8. Huelva cuenta con las playas más extensas al tener gran parte de su litoral protegido por el Parque Nacional de Doñana, de acceso restringido. En esta provincia se ubican las playas de Doñana (28 Km), de Castilla (20 Km) y de Nueva Umbría (12 Km).

Fuente: National Geographic

La raíz

El origen de todo

¿De dónde vienen algunas de las frases más populares de nuestro léxico?

Esta última parte ha sido escrita mientras escuchábamos *Sarandonga,* de Lolita.

“Éramos pocos y parió la abuela”

Definición. Expresión que se utiliza cuando una situación no es buena de por sí, y de repente ocurre algo malo que hace que las cosas empeoren aún más. También se usa para expresar que hay muchas personas en un lugar.

Origen. Nace alrededor del año 1204 cuando Berenguela, hija de Alfonso VIII de Castilla y de Leonor Plantagenet, regresó junto a sus hijos a la corte de sus padres. Para sorpresa de todos, a sus 44 años, la reina Leonor tuvo un hijo más, Enrique I.

“Meter la pata”

Definición. Cometer un error, especialmente si se trata de una indiscreción.

Origen. Esta expresión se relaciona con la caza. Como en español las extremidades de los animales se llaman “patas”, cuando un animal introduce una de ellas en la trampa de un cazador, comete un error (y de los gordos, podría decirse).

“Dar gato por liebre”

Definición. Engañar a alguien dándole algo parecido a lo que espera o cree adquirir, pero de menor valor o calidad.

Origen. La expresión surge en la Edad Media, cuando era habitual ofrecer platos con gato en lugar de liebre, debido a la similitud de ambos animales cuando eran cocinados.

“Costar un ojo de la cara”

Definición. Indica que algo es muy caro o cuesta mucho esfuerzo y sacrificio conseguir.

Origen. En 1525, el conquistador Diego de Almagro acudió en auxilio de Francisco Pizarro, que quiso tomar el Fortín del Cacique de las Piedras (Colombia). Durante el rescate, una flecha de un indígena impactó en uno de sus ojos, dejándole tuerto. A él, la ayuda prestada le costó un ojo de la cara.

“Tener la sartén por el mango”

Definición. Se utiliza para señalar que alguien tiene el poder o el control sobre algo. La persona que tiene la sartén por el mango tiene la capacidad de decir qué y cómo se hace.

Origen. Como el mango es lo que permite sujetar la sartén para no quemarse y manejarla con precisión, se empezó a emplear esta expresión para señalar que se tiene dominio sobre algo.

“No está el horno *pa* bollos”

Definición. Indica que no es el momento adecuado para hacer algo.

Origen. En un principio, el bollo era una masa hecha con harina y azúcar que se horneaba solo en ocasiones especiales, y no tan a menudo como el pan. Para que el resultado fuera óptimo, era necesario que el horno tuviera una temperatura determinada. En otras palabras, que no se podían elaborar en cualquier momento.

"Tomar el pelo"

Definición. Burlarse de alguien o engañarlo.

Origen. Podría estar en relación con la falta de respeto que suponía para griegos y romanos el hecho de tirar de la barba ajena, puesto que esta era considerada un símbolo de dignidad.

"Ponerse las pilas"

Definición. Esforzarse, aplicarse, poner especial dedicación en hacer algo.

Origen. Tiene un origen relativamente moderno. Se asocia con la necesidad que tienen algunos aparatos electrónicos de llevar pilas para su funcionamiento, estableciendo un simil con esta cuestión.

"Tirar la casa por la ventana"

Definición. Gastar más de lo habitual, de lo necesario o de lo conveniente. Puede equivaler a "derrochar".

Origen. Esta expresión tiene su origen en el siglo XVIII. Cuando Carlos III creó la Lotería Nacional en 1763, los premiados, como empezaban una nueva vida, adquirieron la costumbre de tirar sus viejos enseres por la ventana.

“A buenas horas, mangas verdes”

Definición. Expresión que se utiliza cuando algo muy esperado o necesario llega tarde y ya no sirve para nada.

Origen. En 1476, la reina Isabel la Católica creó la Santa Hermandad, un cuerpo policial que actuaba en las afueras de las ciudades. Su uniforme era verde y casi siempre llegaban tarde al lugar del delito. De ahí que los castellanos, a modo de burla, usaran esta expresión.

“A todo cerdo le llega su Sanmartín”

Definición. Se usa para expresar que, llegado el momento, las personas que han actuado mal recibirán el castigo que les corresponde.

Origen. Se relaciona con el mundo rural y la cría de los cerdos que, engordados todo el año, se mataban (y se sigue haciendo en muchos lugares) tradicionalmente por la fiesta de San Martín (11 de noviembre). Como el destino de los cerdos era la matanza, la frase alude metafóricamente a este final.

“A caballo regalado no le mires el diente”

Definición. Dicho popular que nos recuerda que no debemos ponerle peros a todo aquello que recibimos sin esfuerzo o de forma gratuita.

Origen. Se asocia con las ferias de ganado, en las que se miraban los dientes de los animales para comprobar su edad y si estaban sanos.

"Mezclar churras con merinas"

Definición. Indica que no deben compararse elementos de distinta naturaleza.

Origen. Es un refrán de origen ganadero, en concreto del mundo ovino. Las churras son ovejas que proporcionan carne y rica leche, mientras que las merinas son famosas por su lana. Cruzarlas no es buena idea.

"Meterse en camisa de once varas"

Definición. Se utiliza para indicar que te estás metiendo en problemas que no son tuyos o no te competen.

Origen. En la Edad Media, cuando se adoptaba un hijo, se tenía por costumbre que el padre adoptivo metiera al niño por la manga de una camisa amplia y lo sacara por la cabeza, simbolizando un segundo parto. El que se metía en la camisa acababa en un lugar y familia que no eran suyos.

“Romper una lanza por alguien”

Definición. Se dice cuando alguien da la cara por una persona o causa para defender sus intereses, ideales o su punto de vista.

Origen. Durante la Edad Media, muchas veces se resolvían los problemas entre algunas personas a través de unos combates llamados *justas*. En ellos, los contrincantes, con armadura, escudo y lanza de madera, se enfrentaban a caballo. Esto se conocía como “romper una lanza”. Cuando algunos no podían participar en estos duelos, podían delegar en una tercera persona que lo hiciera en su nombre.

“No dar un palo al agua”

Definición. Se aplica a alguien no está trabajando o no se está esforzando en algo.

Origen. Esta expresión viene del mundo marinero, de las barcas de remos. Aquellos marineros que en dichas barcas no remaban, literalmente, no estaban dando con el palo en el agua.

“El que se fue a Sevilla perdió su silla”

Definición. Expresión que advierte que descuidar cualquier cosa puede llevar a su pérdida.

Origen. Su origen se remonta a la España del siglo XV. Don Alonso I de Fonseca, arzobispo de

Sevilla, había propuesto a su sobrino, don Alonso II de Fonseca, para que ocupara el cargo de arzobispo de Compostela. Como el reino de Galicia en aquel momento estaba un poco revuelto, don Alonso I, tras pacificar la zona, se hizo cargo del arzobispado de Santiago, dejando a su sobrino en Sevilla. pero cuando quiso volver a la ciudad andaluza, su sobrino se negó a devolverle el arzobispado.

"Estar entre la espada y la pared"

Definición. Indica que se está en una situación difícil y conflictiva, que ofrece pocas vías de escape o bien obliga a elegir entre dos opciones normalmente opuestas y ninguna satisfactoria.

Origen. Cuando antiguamente, en una pelea a espada, uno de los participantes lograba colocar a su oponente entre la punta de su espada y una pared, la lucha estaba definida y el final de la misma quedaba a expensas de su voluntad: la muerte o el perdón.

"Armarse la de San Quintín"

Definición. Producirse un gran alboroto.

Origen. El 10 de agosto de 1557, las tropas españolas, enviadas por Felipe II, entraron en Francia desde Flandes y atacaron la plaza de San Quintín, derrotando de manera contundente a los ejércitos franceses.

Agradecimientos

Y porque es de bien nacidos ser agradecidos, como dice el refrán, aquí queremos dar las gracias a todos los que nos habéis apoyado desde el principio:

A Vicente, Cristina, Montse, Sara, Sergio, Nora y María.

A nuestros padres, por apoyarnos en todo momento.

A la ciudad de Alicante, por ser nuestra fuente de inspiración.

A Yorokobu, por ser los primeros en darnos visibilidad.

A Isabel y Arnaud, por ser los primeros en confiar en nosotros.

Y a todos nuestros amigos que, desde que empezamos con 500 seguidores, nos ayudasteis a compartir y a día de hoy lo seguís haciendo.

Con vosotros empezó todo, y continuará.

Y colorín colorado...

¡este libro
se ha acabado!

Chao, pescao.